BEI GRIN MACHT SICH IHR WISSEN BEZAHLT

- Wir veröffentlichen Ihre Hausarbeit, Bachelor- und Masterarbeit

- Ihr eigenes eBook und Buch - weltweit in allen wichtigen Shops

- Verdienen Sie an jedem Verkauf

Jetzt bei www.GRIN.com hochladen und kostenlos publizieren

Vergleich von zwei Suchmaschinen. Eine Gegenüberstellung von Google und Bing

Luke Weaver

Bibliografische Information der Deutschen Nationalbibliothek:

Die Deutsche Nationalbibliothek verzeichnet diese Publikation in der Deutschen Nationalbibliografie; detaillierte bibliografische Daten sind im Internet über http://dnb.d-nb.de abrufbar.

ISBN: 9783389092484
Dieses Buch ist auch als E-Book erhältlich.

© GRIN Publishing GmbH
Trappentreustraße 1
80339 München

Alle Rechte vorbehalten

Druck und Bindung: Books on Demand GmbH, Norderstedt Germany
Gedruckt auf säurefreiem Papier aus verantwortungsvollen Quellen

Das vorliegende Werk wurde sorgfältig erarbeitet. Dennoch übernehmen Autoren und Verlag für die Richtigkeit von Angaben, Hinweisen, Links und Ratschlägen sowie eventuelle Druckfehler keine Haftung.

Das Buch bei GRIN: https://www.grin.com/document/1519094

Big Data Management

Assigment zum Modul WIN33

Vergleich von zwei Suchmaschinen
eine Gegenüberstellung von Google und Bing

Nürnberg, 29.01.2024

Inhaltsverzeichnis

1	**EINLEITUNG**	**- 3 -**
2	**THEORETISCHE GRUNDLAGEN**	**- 4 -**
2.1	FUNKTIONSWEISE VON SUCHMASCHINEN	- 4 -
2.2	ÜBERBLICK DER SUCHMASCHINEN GOOGLE UND BING	- 5 -
3	**METHODIK**	**- 7 -**
3.1	ANALYSE AUSGEWÄHLTER SUCHMASCHINEN	- 7 -
3.2	DARSTELLUNG DER PERSONAS UND ANWENDUNGSFÄLLE	- 8 -
3.3	USABILITY-KRITERIEN	- 10 -
4	**PRAXISORIENTIERTE BEWERTUNG DER ANWENDUNGSFÄLLE**	**- 11 -**
5	**SCHLUSSFOLGERUNG UND HANDLUNGSEMPFEHLUNGEN**	**- 13 -**
	LITERATURVERZEICHNIS	**- 14 -**

1 Einleitung

In der heutigen digitalen Welt sind Suchmaschinen ein zentrales Werkzeug für den Zugang zu Informationen. Ihre Effizienz und Benutzerfreundlichkeit sind entscheidend für die Informationsbeschaffung und das Nutzererlebnis. Die Auswahl der „richtigen" Suchmaschine ist jedoch aufgrund der Vielfalt und der unterschiedlichen Leistungsfähigkeit der verfügbaren Optionen nicht trivial. Diese Arbeit zielt darauf ab, die Unterschiede in der Effizienz und Benutzerfreundlichkeit zweier führender Suchmaschinen zu ergründen und deren Auswirkungen auf verschiedene Nutzertypen zu untersuchen.

Das Finalziel dieser Ausarbeitung ist es, eine fundierte Empfehlung darüber abzugeben, welche der beiden Suchmaschinen für unterschiedliche Nutzergruppen besser geeignet ist. Um dieses Ziel zu erreichen, werden mehrere Modalziele verfolgt:

1. Analyse und Vergleich der Effizienz und Effektivität beider Suchmaschinen.
2. Bewertung der Benutzerzufriedenheit und Benutzerfreundlichkeit.
3. Identifizierung von Stärken und Schwächen jeder Suchmaschine in verschiedenen Anwendungsszenarien.

Die Struktur der Arbeit leitet sich direkt aus der Zielhierarchie ab. Zunächst werden die theoretischen Grundlagen geklärt, indem eine Erläuterung der Funktionsweise von Suchmaschinen und ein kurzer Überblick der Suchmaschinen von Google und Bing gegeben wird. Im Anschluss folgt die Methodik zur Auswahl der Suchmaschinen. Gefolgt von der Darstellung zweier Personas und verschiedenen Anwendungsfällen, um die Leistung der Suchmaschinen in realen Szenarien zu evaluieren. Darüber hinaus, werden sich in diesem Zuge sogenannte Usability-Kriterien hergeleitet. Abschließend werden die Ergebnisse zusammengefasst und eine abschließende Bewertung vorgenommen, die auf die Erreichung des Finalziels ausgerichtet ist.

2 Theoretische Grundlagen

In diesem Kapitel wird das Konzept der Suchmaschine untersucht, um ein fundiertes Verständnis ihrer Funktionsweisen und einen Überblick über ausgewählte Suchmaschinen zu erlangen. Grundlegend für diese Betrachtung ist die von Lewandoski formulierte Definition, die eine Suchmaschine als "[…] Computersystem, das verteilte Inhalte aus dem World Wide Web mittels Crawling erfasst und über eine Benutzerschnittstelle durchsuchbar macht, wobei die Ergebnisse in einer nach systemseitig angenommener Relevanz geordneter Darstellung aufgeführt werden […]" bezeichnet.[1]

2.1 Funktionsweise von Suchmaschinen

Die Funktionsweise von Suchmaschinen kann in drei Hauptprozesse unterteilt werden: Crawling, Indexierung und Abfrageverarbeitung. Das **Crawling** ist der erste Schritt, bei dem Web-Crawler das Internet durchsuchen, um Webseiten zu finden. Sie folgen Links von einer Seite zur anderen und sammeln dabei Daten über diese Seiten. Weiter geht es mit der **Indexierung**. Die gesammelten Daten werden in diesem Zug strukturiert und in einem Index gespeichert. Der Index ist eine riesige Datenbank, die Wörter und deren Beziehungen zu den Webseiten enthält, auf denen sie gefunden wurden. Ein wichtiger Aspekt der Indexierung ist der umgekehrte Index, der es ermöglicht, schnell eine Liste von Dokumenten zu finden, die ein bestimmtes Wort enthalten. Schließlich kommt man zum dritten Schritt der **Abfrageverarbeitung**. Wenn ein Benutzer eine Suchanfrage stellt, durchsucht die Suchmaschine ihren Index, um relevante Dokumente zu finden. Die Relevanz wird durch spezifische Algorithmen bestimmt, die auf einer Vielzahl von Faktoren basieren, wie z.B. die Häufigkeit des Suchbegriffs auf der Seite, die Anzahl und Qualität der Links, die auf die Seite verweisen, und viele andere.[2] Es ist wichtig zu beachten, dass die genauen Details der Algorithmen, die von Suchmaschinen verwendet werden, oft geheim gehalten werden und sich ständig weiterentwickeln, um bessere Ergebnisse zu liefern und Missbrauch zu verhindern. Einige bekannte Algorithmen sind Googles PageRank und Bings RankNet.[3] Diese Algorithmen verwenden maschinelles

---

[1] Vgl. (Lewandoski, 2021) S. 29
[2] Vgl. (Luge, 2021)
[3] Vgl. (Microsoft, 2015)

Lernen und künstliche Intelligenz, um die Relevanz und Qualität von Webseiten zu bewerten und die besten Ergebnisse für die Benutzer bereitzustellen.[4]
Zusammenfassend lässt sich sagen, dass die Funktionsweise von Suchmaschinen auf komplexen Prozessen und Algorithmen basiert, die darauf abzielen, den Benutzern die relevantesten und nützlichsten Informationen zu liefern.[5] Eine vereinfachte Durchführung des Prozesses, wird in nachfolgender Abbildung dargestellt:

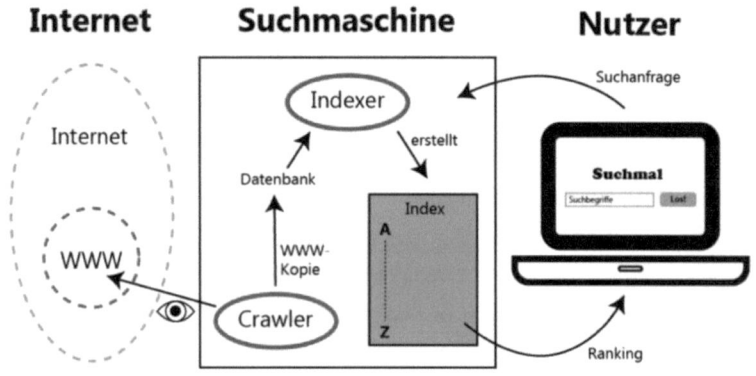

Abbildung 1 - Funktionsweise von Suchmaschinen[6]

2.2 Überblick der Suchmaschinen Google und Bing
Google und Bing sind die beiden führenden Suchmaschinen der Welt. Sie werden von Milliarden von Menschen täglich genutzt, um Informationen im Internet zu finden. Google ist die weltweit beliebteste Suchmaschine.[7] Sie wurde 1998 von Larry Page und Sergey Brin gegründet und ist heute ein Tochterunternehmen von Alphabet Inc.[8] Google ist bekannt für seine innovativen Technologien und seine hohe Relevanz der Suchergebnisse.[9]
Bing ist die Suchmaschine von Microsoft. Sie wurde 2009 eingeführt und ist heute die zweitgrößte Suchmaschine der Welt. Bing ist bekannt für seine einfache Bedienung und

---

[4] Vgl. (Google, 2023)
[5] Vgl. (Trani, 2020)
[6] Vgl. (Friedrich, 2019)
[7] Vgl. (Bianchi, 2023)
[8] Vgl. (Berndt, 2019)
[9] Vgl. (Rose-Collins, 2023)

seine Integration in andere Microsoft-Produkte.[10]
Die beiden Suchmaschinen bieten eine Vielzahl von Funktionen die, die Informationssuche erleichtern. Dazu gehört die Suche nach Webseiten, Bildern, Videos, News und Produkten. Darüber hinaus bieten Google und Bing eine Reihe von Besonderheiten, die sie von anderen Suchmaschinen unterscheiden.

- **Personalisierte Suchergebnisse**: Verwenden KI, um die Suchergebnisse für jeden Nutzer zu personalisieren. Dabei werden beispielsweise die Suchhistorie des Nutzers, die Standortinformationen des Nutzers und die Interessen des Nutzers berücksichtigt.
- **Spracherkennung**: Bieten eine Spracherkennungsfunktion, mit der Nutzer Suchanfragen per Sprache eingeben können.
- **Standortsuche**: Bieten eine Standortsuche, mit der Nutzer nach Geschäften, Restaurants und anderen Orten in ihrer Nähe suchen können.

Zusätzlich zu diesen Funktionen bietet Microsoft mit Bing AI und Google mit Bard zwei fortschrittliche KI-Modelle an. Bing AI erweitert die Funktionen von Bing durch die Integration von KI-Funktionen wie der Erstellung von Grafiken und der Beschreibung von Bildern. Es kann auch den Kontext einer Konversation verstehen und darauf aufbauen, um relevante und genaue Antworten zu liefern.[11] Bard hingegen ist ein KI-Modell, das darauf spezialisiert ist, menschenähnliche Texte zu generieren. Es kann in verschiedenen Kontexten eingesetzt werden, wie z.B. beim Schreiben von Geschichten, Gedichten oder beim Beantworten von Fragen.[12] Beide Modelle bieten den Benutzern Möglichkeiten, Informationen zu finden und Inhalte zu erstellen.

---

[10] Vgl. (Jimenez, 2022)
[11] Vgl. (Microsoft, 2023)
[12] (Pfichai, 2023)

3 Methodik

In diesem Kapitel zur Methodik wird der systematische Ansatz zur Bewertung und zum Vergleich der Suchmaschinen Google (https://google.de/) und Bing (https://www.bing.com/) dargelegt. Es umfasst die Analyse der ausgewählten Suchmaschinen. Zudem wird die Darstellung der Use Cases und Personas skizziert, um die Anwendbarkeit der Suchmaschinen zu testen. Abschließend werden die Usability-Kriterien hergeleitet, die zur objektiven Bewertung der Suchmaschinen dienen.

3.1 Analyse ausgewählter Suchmaschinen

Ein wichtiges Auswahlkriterium für Suchmaschinen ist die **Größe des Suchindex**. Der Suchindex ist die Sammlung aller Webseiten, die von einer Suchmaschine erfasst wurden. Je größer der Suchindex, desto mehr relevante Ergebnisse kann die Suchmaschine für eine Suchanfrage liefern. Google verfügt über einen deutlich größeren Suchindex als Bing. Dies bedeutet, dass Google in der Regel mehr relevante Ergebnisse für eine Suchanfrage liefert.[13] Bing wird jedoch ständig weiterentwickelt und der Suchindex wird kontinuierlich erweitert.[14] Es ist daher möglich, dass Bing in Zukunft mit dem Suchindex von Google gleichzeihen kann.

Die **Qualität der Suchergebnisse** hängt von verschiedenen Faktoren ab, wie z. B. der Relevanz der Ergebnisse, der Aktualität und der Vollständigkeit der Ergebnisse. Google und Bing verwenden beide komplexe Algorithmen, um die Relevanz der Suchergebnisse zu bestimmen. Die Algorithmen von Google gelten als besonders effektiv und liefern in der Regel sehr relevante Ergebnisse.[15] Bing hat in den letzten Jahren Fortschritte bei der Relevanz der Suchergebnisse gemacht.

Die **Usability** einer Suchmaschine ist ein weiterer wichtiger Faktor. Die Benutzeroberfläche der Suchmaschine sollte intuitiv und leicht zu bedienen sein.[16]

Die Benutzeroberflächen von Google und Bing sind beide intuitiv und leicht zu bedienen. Die Suchmaschinen bieten eine Vielzahl von Funktionen und Features, die die Suche erleichtern.

---

[13] Vgl. (Burton, 2021)
[14] Vgl. (Sarman, 2023)
[15] Vgl. (Sullivan, 2020)
[16] Vgl. (Ionos, 2017)

Die **Effizienz** einer Suchmaschine kann anhand der Relevanz, Aktualität, Vollständigkeit der Suchergebnisse sowie Zeit, die benötigt wird, um die gewünschten Ergebnisse zu finden gemessen werden.[17]

Google und Bing bieten in allen Bereichen eine gute Effizienz. Die Suchergebnisse sind in der Regel relevant, aktuell und vollständig. Die Nutzer können die gewünschten Ergebnisse in der Regel schnell finden.

Die **Effektivität** einer Suchmaschine kann anhand des Grad der Erfüllung der Nutzerbedürfnisse sowie dem Grad der Zufriedenheit der Nutzer gemessen werden.[18]

Google und Bing sind beide sehr effektiv. Sie erfüllen in der Regel die Nutzerbedürfnisse und die Nutzer sind in der Regel zufrieden mit den Suchergebnissen.

Die **Benutzerzufriedenheit** mit einer Suchmaschine kann anhand des Grades der Einfachheit der Bedienung, Nützlichkeit der Suchmaschine, Zufriedenheit mit den Suchergebnissen gemessen werden.[19]

Google und Bing sind beide sehr beliebt und die Nutzer sind in der Regel zufrieden mit den Suchmaschinen. Die Benutzeroberflächen sind einfach zu bedienen und die Suchmaschinen bieten eine Vielzahl von nützlichen Funktionen und Features. Die Suchergebnisse sind in der Regel relevant, aktuell und vollständig. Beide Suchmaschinen sind sehr gut. Sie erfüllen in allen Bereichen die Anforderungen der Nutzer und bieten eine gute Effizienz, Effektivität und Benutzerzufriedenheit.

3.2 Darstellung der Personas und Anwendungsfälle

In diesem Unterkapitel werden spezifische Nutzerprofile (Personas) und Anwendungsfälle (Use Cases) für die Suchmaschinen Google und Bing entwickelt. Diese Herangehensweise ermöglicht es, die Funktionalität und Benutzerfreundlichkeit der Suchmaschinen aus verschiedenen Perspektiven zu analysieren. Die Personas repräsentieren unterschiedliche Nutzergruppen mit verschiedenen Zielen, technischen Voraussetzungen und Erfahrungen. Jede Persona wird durch mehrere Ausprägungen eines Use Cases illustriert, die reale Suchszenarien nachbilden, um die Reaktion und Leistung der Suchmaschinen in verschiedenen Kontexten zu bewerten.

---

[17] Vgl. (Spink, 2001)
[18] Vgl. (Lewandowski, 2007)
[19] Vgl. (Jackson, 2023)

Persona 1: Max Klein, 17 Jahre, Schüler

- Ziel: Schnelle Informationen für Schulaufgaben.
- Technische Ausstattung: Smartphone, Basis-Laptop.
- Wissen/Erfahrung: Grundkenntnisse in der Internetnutzung.

Use Case 1: Hausaufgabenrecherche

- Vorbedingung: Benötigt Informationen für ein Schulprojekt.
- Teilaufgabe: Eingabe von Suchanfragen, Ergebnisse bewerten.
- Nachbedingung: Sammeln von ausreichend Informationen für das Projekt.
- Normalfall: Suche nach „Ursachen des ersten Weltkriegs".
- Spezialfall: Suche nach „Anwendung von Quantenmechanik in moderner Technologie".

Persona 2: Dr. Lisa Becker, 40 Jahre, Geschäftsführerin

- Ziel: Marktinformationen und Wettbewerbsanalyse.
- Technische Ausstattung: Büro-PC, Smartphone.
- Wissen/Erfahrung: Erfahrung in Geschäftsstrategie und Online-Recherche.
- Weitere Eigenschaften: Benötigt aktuelle und präzise Marktinformationen.

Use Case 2: Markt- und Wettbewerbsanalyse

- Vorbedingung: Bedarf an aktuellen Brancheninformationen.
- Teilaufgaben: Eingabe von branchenspezifischen Suchanfragen, Analyse der Suchergebnisse.
- Nachbedingung: Gewinnung von relevanten Markt- und Wettbewerbsinformationen.
- Normalfall: Suche nach „Aktuelle Trends in der Digitalmarketingbranche".
- Spezialfall: Suche nach „Auswirkungen des Brexits auf die globale Pharmaindustrie".

3.3 Usability-Kriterien

In diesem Kapitel der Ausarbeitung werden die Bewertungskriterien von Google und Bing durch die Augen der beschriebenen Personas betrachtet. Für Max ist die **Geschwindigkeit** der Ergebnislieferung von besonderer Bedeutung, da er schnelle Antworten für seine Schulaufgaben benötigt. Dr. Becker hingegen legt Wert auf die **Genauigkeit** der Suchergebnisse, um präzise Marktinformationen zu erhalten. Die **Benutzerfreundlichkeit** der Oberfläche wird anhand der intuitiven Nutzbarkeit für beide Personas bewertet. Die **Anpassungsfähigkeit** der Suchergebnisse ist ebenfalls wichtig, um den unterschiedlichen Anforderungen von Max und Dr. Becker gerecht zu werden.

4 Praxisorientierte Bewertung der Anwendungsfälle

Die Bewertung der beiden Suchmaschinen, erfolgt auf Basis eines durchgeführten Nutzertests. Dabei wurden die Erfahrungen aus Sicht der Personas für die beiden Ausprägungen der Use Cases über die festgelegten Usability-Kriterien erhoben. Jede Persona hat die Use Cases ausgeführt, einen potenziell eher leichteren (normalen) Fall sowie einen, für die Suchmaschiene eher potenziell schwierigeren (Spezial) -Fall. Das Spektrum der Bewertungsskala reicht von 0 (sehr schlecht) bis 5 (sehr gut). Die Bewertung wird als Durchschnittswert der beiden Fälle, in folgender Abbildung dargestellt:

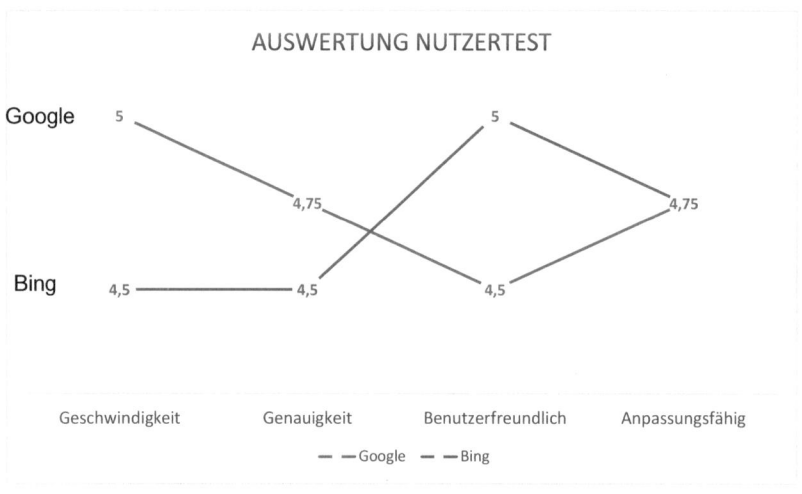

Abbildung 2 - Bewertung Nutzertest

Die Ergebnisse des Nutzertests zeigen, dass beide Suchmaschinen insgesamt sehr gut abschneiden. Google schneidet in Bezug auf die Geschwindigkeit und Genauigkeit besser ab. Ein Grund dafür kann der größere Suchindex sein. Bing ist hingegen etwas besser in Bezug auf die Benutzerfreundlichkeit. Über die Einbindung des KI-gesteuerten Copiloten werden die Suchergebnisse in einer übersichtlichen und ansprechenden Weise (Abbildung 4) anstatt der sonst üblichen Listenform (Abbildung 3) präsentiert.

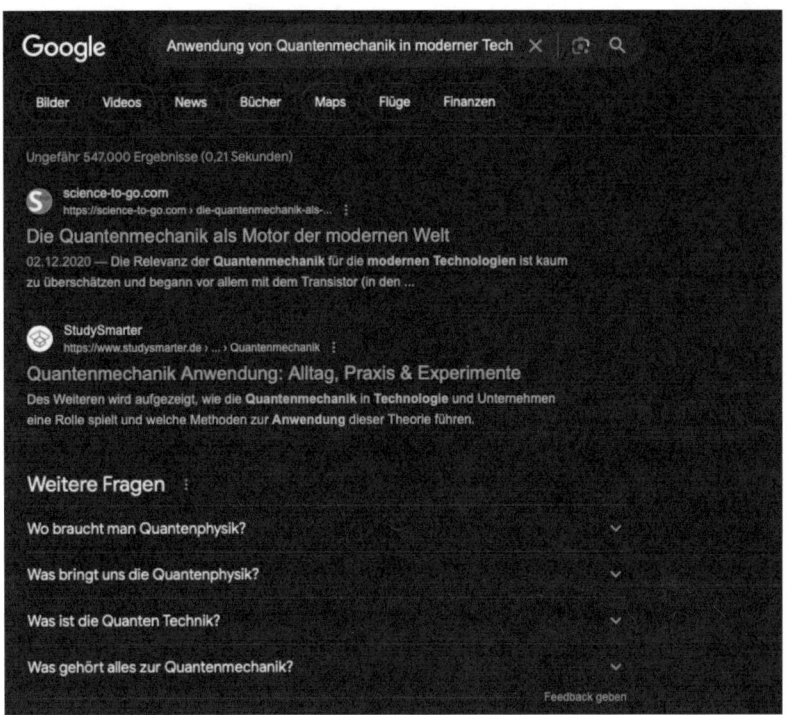

Abbildung 3 - Google Suchergebnisse

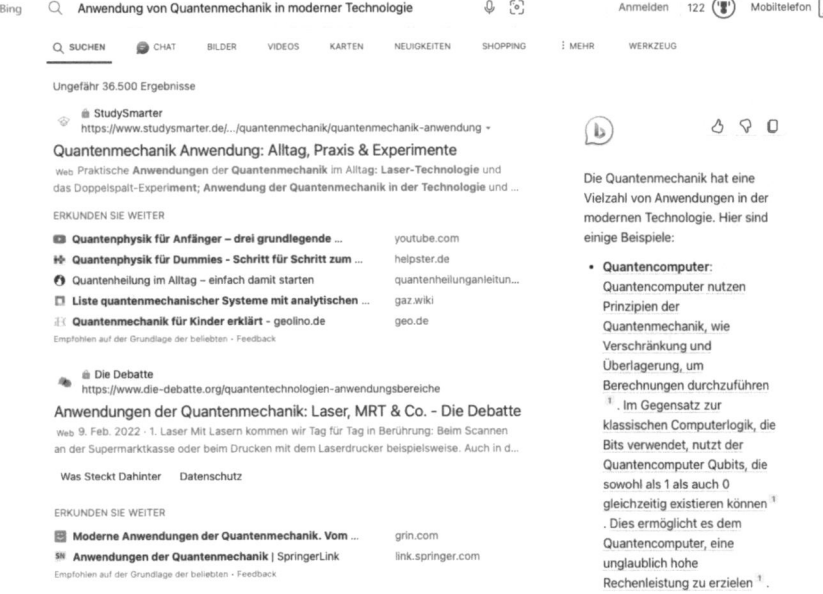

Abbildung 4 - Bing Suchergebnisse

5 Schlussfolgerung und Handlungsempfehlungen

Google und Bing sind zurecht die beiden führenden Suchmaschinen weltweit. Sie bieten eine Vielzahl von Funktionen und Optionen, um Nutzern bei der Suche nach Informationen zu helfen.

Die vorliegende Arbeit hat die beiden Suchmaschinen hinsichtlich ihrer Effizienz, Benutzerfreundlichkeit und Anwendbarkeit auf verschiedene Nutzerprofile verglichen. Die Ergebnisse zeigen, dass Google im Allgemeinen die effizientere und effektivere Suchmaschine ist. Bing bietet jedoch eine bessere Benutzerfreundlichkeit und ist für bestimmte Nutzergruppen, wie beispielsweise Nutzer mit geringen Sucherfahrungen, besser geeignet.

Die Ergebnisse der Arbeit haben auch einige Einschränkungen. Die theoretische Analyse der Funktionsweise von Suchmaschinen ist nur eine grobe Annäherung an die komplexe Realität. Die praktische Bewertung der Suchmaschinen basiert auf subjektiven Erfahrungen und kann daher variieren. Schließlich kann die gewählte Methode, wie etwa die Beschränkung auf bestimmte Personas, zu einer Verzerrung der Ergebnisse führen.

Nutzer sollten die Suchmaschine wählen, die ihren individuellen Bedürfnissen am besten entspricht. Google ist die beste Wahl für Nutzer, die nach schnellen und genauen Ergebnissen suchen. Bing ist die bessere Wahl für Nutzer, die eine einfache und intuitive Benutzeroberfläche bevorzugen.

Entwickler von Suchmaschinen sollten sich auf die Verbesserung der Effizienz und Effektivität ihrer Produkte konzentrieren. Dies kann durch die Verwendung neuer Algorithmen und Technologien erreicht werden. Darüber hinaus sollten sie die Benutzerfreundlichkeit ihrer Produkte verbessern, um sie für Nutzer mit unterschiedlichen Fähigkeiten und Vorlieben zugänglicher zu machen.

Literaturverzeichnis

Berndt, G. (10. Dezember 2019). Von https://www.handelsblatt.com/technik/it-internet/google-wing-und-co-diese-firmen-gehoeren-zum-internetkonzern-alphabet/25303234.html abgerufen

Bianchi, T. (20. September 2023). Von https://www-statista-com.gw.akad-d.de/statistics/216573/worldwide-market-share-of-search-engines/ abgerufen

Burton, W. (2. April 2021). Von https://www.searchenginejournal.com/google-vs-microsoft-bing/400855/ abgerufen

Friedrich, G. (1. Februar 2019). Von https://mads.de/so-funktioniert-eine-suchmaschine/ abgerufen

Google. (23. Dezember 2023). Von https://developers.google.com/search/docs/appearance/ranking-systems-guide?hl=de abgerufen

Ionos. (23. Februar 2017). Von https://www.ionos.de/digitalguide/websites/webseiten-erstellen/intelligente-suche-alles-zur-usability-der-suchfunktion/ abgerufen

Jackson, B. (27. JULI 2023). Von https://kinsta.com/de/blog/testen-benutzerfreundlichkeit-websites/ abgerufen

Jimenez, A. (19. Januar 2022). Von https://www.onlinemarketingmagazin.de/bing-oder-google-ratgeber/ abgerufen

Lewandoski, D. (2021). *Suchmaschinen verstehen*. Berlin: Springer.

Lewandowski, D. (2007). Von https://searchstudies.org/wp-content/uploads/2021/06/Mit-welchen-Kennzahlen-laesst-sich-die-Qualitaet-von-Suchmaschinen-messen-2007.pdf abgerufen

Luge, R. (10. November 2021). Von https://kopfundstift.de/wie-funktioniert-eine-suchmaschine/ abgerufen

Microsoft. (7. Juli 2015). Von https://www-microsoft-com.translate.goog/en-us/research/blog/ranknet-a-ranking-retrospective/?_x_tr_sl=en&_x_tr_tl=de&_x_tr_hl=de&_x_tr_pto=wapp abgerufen

Microsoft. (29. September 2023). Von https://www.microsoft.com/en-us/bing/do-more-with-ai/bing-ai-features?form=MA13KP abgerufen

Pfichai, S. (6. Februar 2023). Von https://blog.google/technology/ai/bard-google-ai-search-updates/ abgerufen

Rose-Collins, F. (19. Januar 2023). Von https://www.ranktracker.com/de/seo-guide/algorithms/google-algorithm-update-history/ abgerufen

Sarman, M. (31. März 2023). Von https://www.abakus-internet-marketing.de/wissen/seo-blog/online-marketing/bing-rankingfaktoren abgerufen

Spink, A. (2001). *Information Retrieval.* Taylor & Francis.

Sullivan, D. (4. August 2020). Von https://blog.google/products/search/raters-experiments-improve-google-search/ abgerufen

Trani, R. (August 2020). Von https://arxiv.org/pdf/1908.10598.pdf abgerufen

BEI GRIN MACHT SICH IHR WISSEN BEZAHLT

- Wir veröffentlichen Ihre Hausarbeit, Bachelor- und Masterarbeit

- Ihr eigenes eBook und Buch - weltweit in allen wichtigen Shops

- Verdienen Sie an jedem Verkauf

Jetzt bei www.GRIN.com hochladen und kostenlos publizieren